奇門廬中闡秘卷三目錄

諸葛武侯　註

奇門廬中闡秘卷三

諸葛武侯　註

謁見門

占謁見

凡占謁貴人以時干為我

以直使之下六儀三奇為所謁之人

時干生儀奇主我干求他可見

時干尅儀奇主我傷他難得見

儀奇生時干主貴人有力即刻見

儀奇尅時干主貴人無力不相見

占謁何人

直符加戊己主貴厚敦實忠朴老成之人

直符加庚辛主武職威權清白性剛伶俐之人

直符加壬癸主田地絲棉衆多狡猾不測之人

直符加乙奇主清標貴人正直無私性顛之人

直符加丙丁主陶冶廣廈知机通明性燥虚詐之人

又法

伏吟主在家不肯相見　返吟二三次方見

龍返首主不見　鳥跌穴主相見

雀入江主不相見　五不遇主不相見

九遁主相見　五假三詐主不相見

諸格諸迫主有人阻隔不通音問不相見

占謁見

此時干支相生門宮比合而合吉格在于生氣之宮見而有益若所求之人生我者稱意美滿如我生彼見則艱難因求而反退財如逢尅我者合凶格因求而招非或自取尋耳

又占干謁訣

休門宮分為所見之人時干宮為干謁之人休門宮生時干宮時干宮上再有三奇臨遂意相尅制再無三奇不得見或不喜悅干求亦不如意又須彼此相旺則見休因不吉又所往之方得休門者得

見開生二門未見即餘門不吉

占訪友

訪友尋人以所往之地以地盤為主天盤為客要相生合再得吉門去必相遇若門凶上下二盤相尅則不遇庚逢年月日時為格不利

占訪人

所訪人在東北則看八卦所得地盤生星生對冲宮及受對冲宮秉星尅宮主相遇如東北西南兩方

中有吉格所求皆遂凶格則不遂格則相詛丙則相見不相得

占遠人

直符為主天乙為客各看落宮相生無干係尅直符者求有尅天乙者求不遂相比者所求可遂又甲落陽干為求財事丁落陽干為親託事景落陽干為文書事陽干者乙丙丁戊也陰干者己庚辛壬癸也

占見貴

休生為上又與三奇會合吉得與日干相合則大吉

悅而有酒食財物開門亦利求見餘門星干則不

美萬物用之誤用招禍

求財門

凡占求財以時干為主時干所尅者為財星若在直符本宮有六儀三奇九星宮門為財星亦為占時旺相之地主得財否則不得

九星為財星所主

天蓬為財星宜往正北方求之冬得十分春得五分夏得二分秋得一分

天任為財星宜往東北方求季夏得十分秋得五分冬得三分春得一分

天冲為財星宜往正東方求之春得七分夏得三分秋得二分冬得一分

天輔為財星宜往東南方求之季春得七分夏得三分秋得二分冬得一分

天英為財星宜往正南方求之夏得八分季月舉春得四分秋得二分冬得一分

天柱為財星宜往正西方求之秋得九分冬得五分

春得二分夏得一分
天禽天芮為財星宜往西南方求之季夏得七分秋得五分冬得二分春得一分
天心為財星宜向西北方求之秋得九分冬得五分春得二分夏得一分
三奇為財星所主
乙奇為財星宜往東方乙奇所臨之宮生乙奇主得東方貴人之財

丙奇為財星宜往南方丙奇所臨之宮生丙奇主得南方貴人之財
丁奇為財星宜往東南方丁奇所臨之宮生丁奇主得東南方貴人或陰人之財
八門為財星所主
開門為財星宜往西北方得貴人之助
休門為財星宜往北方得富家之財
生門為財星宜往東北方得田土之財

傷門為財星宜往東方得植物之財
杜門為財星宜往東南方得器皿之財
景門為財星宜往南方得酒食之財
死門為財星宜往西南方得喪亡之財
驚門為財星宜往西方得憂恐之財
六儀為財星所主
甲子戊午為財星主爭訟田土索討負債穀米之財
甲戌己為財星主售男女飲食磚瓦屋宇之財

甲申庚為財星主遭刑受辱死亡爭鬧逃亡之財
甲午辛為財星主陰人小人暗昧不明金寶之財
甲辰為財星主湖地田塘絲帛五谷文墨之財
甲寅癸為財星主管鑰水麗魚網牛欄布帛之財
又法
龍返首　　鳥跌穴　　玉女守門
遇此准得財否則凶星俱不得也
又占訣云

財看生門落何宮再看上下二盤格局吉星吉格所求如意一有不利所求僅半休囚不吉又忌三吉不得全上下尅則事不成若吉門三奇全生比旺相和美主成

占求財

地盤時干在地內上得三奇休生二門天盤甲子戊亦在內地會開門此財甚遠不會三門其得遲又以本宮所得何支定期限若時干與甲子戊俱在外或一內一外主遲伏吟亦遲空亡終不得

又生意占訣云

日元為人時元財兩支中開貨物胎納意之中定市價孤虛旺相着意裁日尅時方可有財時尅日方惱心懷買貨時支分貴賤生合人元可買來賣貨日支論休旺最喜時干又作財日納如若尅時納倍息生意此、、同時納若尅日與納空費心机事不諧一切術藝圖維事亦喜生時鬼化財大抵上

下無刑害始終如意不須　索債追捕他受制支
納生干可得來
直符貨物交易情或生或旺休廢刑責貨生旺宜售
客買貨休囚當速成六合中人忌剋体勾如傷用
必如行朱玄傷人防失脫又恐腐爛貨物不真九
地主身宜堆積九天生合貴遂心就是空拳去覓
利亦喜符旺又逢生
直使求財出入方門無傷制利偏長門吉庚臨生旺

地屢纏十萬可行藏若得用門守財令坐賈行商
不用忙
奇儀詳分子與財子旺財生可遂懷最喜財庫臨身
命到手之時此中訣
符星喜旺制財星財星空旺終勞情財星化鬼君休
覓鬼化為財白手贏若還飛到比肩地其間必定
有分爭財星若去投子舍我到其方奪得成
起元分別是何財土宜布粟菽鹽諸水木經商大窑

冶金為錢銀珠玉該時日會元來生旺此財端的
逆心懷只有飛伏臨何處便察從何得將來
門戶莫與財原叔生助財宮方並貽符元更能制門
戶青蚨多翼此間歇
孟甲原宜去求財仲甲半許遂心懷季甲欲求々未
得開闔中間得失裁
返首跌穴嘯手可得虎狂龍走枉自逢迎得遁格机
變而取逢假詐設計以謀得使而中人効力守門
而坐賈便宜三門四戶最喜生合財神天馬私門
不宜沖刑符命蛇妖而人情反覆投江而售賈不
行伏宮飛宮此地不比那地伏干飛干這人不及
那人大格小格難以覓利刑悖格及早抽身熒入
白兮宜置貨白入熒兮買稱心不遇空貴心力擊
到此處難求入墓羅網終見利不能脫手反覆門
迫雖懷寶而難入亂邦最要三財合我不逢鬼劫
為詳

求財望謀占

此時遇奇儀門生宮合吉格或干合比和者求利得意一切無阻如門剋宮下剋上合吉凶凡求不遇或因求謀破財如土星在艮墓宮或上剋下門剋宮因求謀招憂非

占事成否

凡人來求我以他為他我為主如我去求他以我為客彼為主宜主客相生比和求而事成星儀門迫

求而難成客主相傷合凶格求事生非反耗財只宜他生我順易我生他難圖

求財

以主星為求財之人以飛門為所求之財終以得奇并門詐為吉生剋衰旺同前若生門比和為劫財強者得弱者失然在家求財重符宮出外重使門飛門之干支可以數決如符宮是主剋飛或飛生主理應進財而使乃門生宮宮剋門其財必所得

其所償必所失如符是主生飛而使乃宮生門宜
先折本後得利
占稱貸
直符為物主天乙乃為稱貸之人各以所落宮分生
剋論之直符生天乙天乙剋直符必遂直符剋天
乙天乙生直符不遂
占合夥
地盤生門為財主天蓬生門落宮為夥計地盤剋天

盤不成天盤剋地盤不利必地盤生天盤方利若
天盤生地盤和美利主多

占索債
傷門剋天乙宮去人實心取索天乙宮剋傷門彼必
爭鬧不服傷門與天乙同來生符子母全復同來
剋直符不還天乙旺相剋傷門雖有不還休囚生
傷門雖有心還無力或不全若天乙乘庚辛來剋
直符必有經營之事直符剋天乙乘六丁或景門

加三四宮亦有經營之事甲子戊會開門加丙地
時干其償還而速

占爭競

凡財物爭競直符為先動之人為客天乙為後動之人為主爭錢財者青龍為主爭田產五穀衣物生門為主直符落宮旺相六甲六宮與生門六宮交直符利客天乙宮落旺相宮六甲生門又生天乙利主直符旺相六甲生門生天乙先動者得理後

動者得財若財神不生兩家兩家來生財神俱不得財財神來生兩家各得半旺相者尤多

占交易

直符為買物之人生門為所買之物生門落宮為物生門來生直符宮其物得價有利益門與本符落宮相生為物主相戀其物難買相尅則成或已成交直符得旺生々門宮利賣者生門宮生直符宮利買者凡買物要彼賣主方得吉格有格返此不

利凡賣物要買主方得吉格者利凶格不利得凶
格者其物不堪凡賣物彼買主之方得吉格者利
要得凶格者尚煩惱

占貿易

生門落宮旺相再有吉及三奇飛鳥跌穴等吉格星
主買賣興隆如不全者平落宮休囚星凶再有六
庚加己一切凶格主大不利星天冲宜春夏天禽
宜秋冬餘星不利

占利息

凡貿易得利多少專視生門所臨之宮旺則利多相
則利平休囚利微休囚有凶格則消折生門乘旺
相再看甲子戊上乘何干以決其數

占放債

直符為財主天乙為取財之神生門為財神各以生
尅旺相論直符尅天乙吉天乙尅符凶天乙生直
符吉直符生天乙凶生門與天乙同尅直符其財

盡失同生直符子母俱全生門與天乙有一生乙
尅不全或遲天乙財神得休咎氣雖生直符終是
無力不能還全或主滯遲

行人門

凡占行人以時干為行人

以時干加八門為所往之地方

以直符為占事之人

以時干加地盤九星為來期

占行人遲速

時干加天蓬冬春占主壬癸亥子月日可到夏秋占

不來事了割

時干加天英夏季占主丙丁巳午月速至秋占主遲

一季冬春占不來

時干加天冲天輔春夏占甲子寅卯月日准來秋冬

未起身

時干加天任天禽天芮四季月占遇戊己辰戌丑未

月日至秋冬占將起身春夏占有事未完不來

占行人方向

時干加開門宜往西北方有貴人扶助百事大吉有

三奇尤吉

時干加休門宜往正北方遇富者相攜遇三奇貴人所謀遂意

時干加生門宜往東北方有田地交易貴人相扶遇三奇生意茂盛

時干加傷門宜往正東門或索債或求財主有損不獲

時干加杜門宜往東南方或人不在家或杜塞不出

時干加景門宜往正南方或會飲或解散官非或為文章事

時干加死門宜往西南方或為死亡財帛或獵捕或田地事

時干加驚門宜往正西方或憂疑驚恐事或公庭理訟誣枉不明事

又法

時干丸門主己動

時干生門門有事未成主未動
門剋時干此地不宜已往地方
門生時干有人勾引主未動
時干剋直符不思歸家主未動
直符剋時干主在半路
時干生直符主已至
直符生時干主將動身

又法

伏吟不來　返吟以來
龍返首　鳥跌穴
玉女守門主得意而歸所謀皆遂
九遁五假諸格虎猖狂之類主事有阻碍不丕若值
五不遇三奇入墓天網四張主行人有病又遇九
星入門俱剋時干主死亡在外

占出行

凡出行以三奇會六儀加休開生之下宜往之否則

不宜往

又出行占法

日元為人時元地人元剋時去向利時元如若剋人元所往之方多不濟時納所藏是中途不傷人元堪策驥若得再來生日元未到地頭先得意最忌截空與刑害進退趦趄宜另議

出行直符宜生旺六合所主同伴償勾陳白虎考程途朱滕文信口舌項玄武乃主賊盜情前麵俱忌相刑創地陰剋制路多歧九天生合宜去向

出行直使最為重加臨無傷始堪用本門起自何卦中飛臨生合人趨奉其間用空與落空反伏迫格與刑冲起程不得去無向勸君另自向門蹤

奇儀所生六親神旅舍風塵亦同因圖謀人入財宮位校托須臨父舍恩忌入鬼官與格墓再据行方車折輪

所用之星怕休囚路宿風飱不自由旺臨衰氣扰堪

許衰投旺氣必淹留惟喜飛臨自旺地始堪投援
托久遨遊
起元何司別行程水陸舟車輿輔行元轉生方必得
意一遭刑陷提傷情
門戶無傷去向安笑折梅花馬上看門吉戶凶宜早
進戶吉門凶宜緩從其中吉凶相等復另尋吉道
整雕鞍
蓋甲開方上路宜仲中季路遂右奇外門內閣堪長

進外閣內開中道歧欲識途中何剋應此甲加臨
說事机
返首跌穴程途得意惟獨避投畧參差虎狂龍走道
路驚惶見過催殘應無咎得遁格所往皆泰尤喜
宮臨去所逢詐格假格中途易服晉教到處歡忻
得使而路逢好友守門而館主情投三門四戶合
符元早晚安靜天馬私門乘吉神行止遂心蛇妖
防口舌投江莫長驅伏干飛干途中前後有變伏

宮飛宮早晚旅宿有殃大格小格避投那為遂意
途中舟車宜防刑格悖格避謁返遭累害又疑盜
劫閑傷熒入白而火盜留意白入熒而轉重提防
不遇何勞遠去刑擊莫提行裝入墓羅網切莫轉
身陰地及伏門迫受困進退奔忙必求符使叶吉
兩元無碍起行

占出行

此時出行欲得三奇六儀臨於旺祿之宮或于行年

合吉格而上下相生本日時官貴祿馬俱臨此時
而去逢貴人接引財帛廣進求名亨達凡為皆順
如本命行年並此時合凶格門剋宮必多虛驚如
開門剋為貴人宮此責之類如逢凶格相冲或干
墓之鄉出則不歸若遇壬癸而有水厄之憂如遇
辰戌有牢獄之苦餘詳前條款內推之

又法

推測行人來不來只從時日細推詳時元合宜日元

上逢制日支車駕回又喜時支作日馬日支合馬
歸時下若使時馬係日支投墓支干定歸期最忌
截空與刑尅死絕多應音信稀
日音時納去留情納音生合是歸時音来尅日干納
行人飛驥在五陵干細亂制用時納縱欲登程又
怕行更詳臨官與馬墓三合時日察歸情
直符所主斷行人旺相逢生必稱心休囚刑尅不得
意空亾在彼想家門勾白朱滕逢尅制多般遅滯

是非生玄武太陰如生合又疑陰小絆行路五馬
如投天與地歸鞭已拂馬頭雲
直使端可斷行蹤門合来方歸意濃惟忌驚傷與杜
死刑尅迫伏未歸宗開休生景乘天馬如臨干符
墓相逢
十干詳分所望親用神乘馬始来臨馬阻関東歸未
得馬過函関喜相尋
九星南北與東西乘旺投生在外棲入墓加比營歸

計前逢空絶必回廬起元先問去何方却將本局所加詳歷過去方投父比此宫時日合還鄉門戶要合符與門時日驛馬細搜尋更看加臨何親屬如佀占人許到臨行人並合未登程仲甲開兮路宿中季用直開人便到本甲之上考開情大抵占行人喜時日支干門符坐馬乘又查行人類神年命相命合而家門外閑內開方為的到反首跌穴早已裝束其中刑合遲速参詳虎狂兮羈

留不返龍走兮蹭蹬還鄉遁格之內會合日時兩元可以言到詐假之局閑合白虎朱滕書信必來蛇妖而道路災疫投江而歸計傍徨伏干飛干來情不善伏宫飛宫客苦他鄉大小格而遷延時日刑悖格而彼此猜防白入熒而行人將到熒入白而封信皆亡不遇何須盼望擊刑有事相妨入墓無傷可云到宅羅網有格莫斷還鄉返伏門迫須防行人遠近若合驛馬臨官反主客登堂

占行人

此時伏吟身未動反吟来且速若上剋下門生宮剋宫或唐加日午行人即至若下剋上宮剋門行人不来若日干加庚行人不来如上干在墓衰宮或門宮相剋行人来若上干遇壬癸臨旺祿又逢日時相生合吉凶之格主有酒席相阻或無舟或船水虛驚或口舌喜悅相阻如上干在死絕之宮或被剋制及日時相犯永為不来切忌干支相冲在

行年干上者須防死亡與因禁也

又占出行法

以主星為出行之人以飛門為所行之處星宜逢旺得奇門詐為吉主剋飛可出行必得意歸来飛剋主不宜出行主生飛門出有耗財之失飛生主出外有不意之獲飛流比合出行平穩如遇伏吟杜網無門跖干入墓俱不利直符加庚諸凶格不到如出行得失剋應干飛所屬休生宮位照前細推

能得之
傳曰數內惟占行人最難得其訣則甚易星為行人
之本身門為書信星得生剋則人奉門得生剋則
書至然又當看天馬太冲驛馬凡到符宮者人來
到使門者則信至若星門生剋不全難天馬等星
皆有亦不來其所到之日期主星旁之干與飛門
之干支逢合則來然二處干支業已相合逢冲則
來五不遇者不來時干入墓者不來天綱四張杜

伏吟五無門跡者不來然又不可拘執時干入墓
逢冲則至天綱逢擊刑則至旬空到填寔則至可
類推之
如天任剋休門天蓬剋景星為動天任生開門天蓬
生傷為靜蕙洩氣動者來靜者不來景門生天任
凡門生星為彼生我門剋星為彼剋我生我者來
剋我者不來又當審其使門如符宮即以生旺冲
動而使門或受剋而衰或入墓而制其人必心欲

速來緩于出入如使門既以生旺冲動而符宮或受剋而衰入墓而制其人難来載道而音信即到九星八門仿此而推也惟杜門乃杜閉之象不冲不剋則不開或到乾兑二宮或遇六儀擊刑者其人可至凡天盤直符甲子遇地盤甲子直符曰真符擊刑凡天盤六儀遇地盤六儀两支相冲曰六儀擊刑又天盤直符甲子遇六儀庚午此直曰直符擊刑經曰伏吟人不見返吟人便回理固然也

然伏吟得之吉而過宮刑不来而来返吟景門到坎生門到坤及两支干相合者来而不来經云問行人以使門為主而我出門以符宮為重而揔以星主之衰旺以日言在数里内外者衰旺以時言也

以本人年命合當時局中支干為行人以支宮為宅舍左右為来之遲速如占東方人得西方即未北方不来南方在路其日期以地方遠近旺相決之

如行人是甲子生在南方若入坤兑將來過坎即至入艮震巽三方又向他方前有剋我之卦半路有阻再代吉凶神煞以安危又天蓬天芮俱主行人千里外者看天蓬千里內者看天芮時下得蓬芮為來即以時干為來期伏吟不來返吟為來三奇吉門全于行人年干之上為便到凶星干門必被人有妨碍不來又年格年來月格月至日格日到時格時回去看年月近當時日

占行期

若出行或被人牽纏不能擺脫或被人節制不能自由或猶豫不定時干為起行之人日干為牽纏節制之人開門為起行之人若日干剋制時干不能行時干剋日干即行日干宮上下皆有來剋者得行若猶豫者看時干在外為去在內為不去俱看開門落宮下得何干以定其期

占在外慮家安否

日干為主十干生處為家如甲木長生在亥亥寄於乾之類必乾宮地盤無凶星凶格等家中平安有凶星門格等看剋何干以日六親決之年為父母月為兄弟時為妻子

占在外人安否

看外方上下二盤得三奇吉門及諸吉格者安反此不安

占遠信

六丁落宮為信時干落宮內外為遲速臨外信遲臨內信速丁奇受制休囚輕則信遲重則無信朱雀投江永無信蛇妖嬌來遲六丁帶三奇德合有吉音帶擊刑有凶信犯入墓亦無信投江在內亦無信庚格亦然又景門臨于本人所居之地其信速如人在北方占南方信一宮得景門主信到

占在外投宿店主人吉凶

時干落宮遇蓬芮英柱其主惡人餘五星俱吉落宮

剋時干主有侵害時干落宮遇三奇吉門吉格者
雖有惡意亦不敢害如無吉格但衰旺相亦無碍
如時干得休囚廢沒並惡星者侵害

占水路登舟船至善惡

震三宮為船天盤所得星為船主之善惡得輔禽心三星為上冲任中吉英芮柱蓬大凶其船不可登

占道途吉凶

時干所落前一宮得天蓬為賊盜如無不遇再看時所加本宮得三奇吉門並得旺相及諸吉格者不妨

占未出門先定回期

陽局天蓬在內四宮前半年回在外四宮後半年回
陰局亦以落宮所得十二支位限

占回鄉

人久在外欲回家鄉未知得回與否及何日得回本人年命占時入局中如人已在外方占時及年命

己落内界主以地盤支干定日期年命落在外界
雖有回心終有牽纏不能回家上得吉門吉星回
家平安上得上星回家不利

占行人所遇同伴善惡

凡出行在外中途遇人同伴不知善惡占之地盤時
干為己身上得何星臨之如禽心冲輔任為吉人
蓬芮英柱為惡人惡心再得旺相時干居廢沒之
地主有侵害時干旺相凶星廢沒不敢害俱得旺

相俱得廢沒亦不能害如凶星害時干得休生開
三門並三奇一切吉格主破害中亦生意時干時
相得刑格並一切凶格者雖有侵害無妨

盜賊門

逃亡同占

凡占盜以時干為財主　直使加九星為逃人為賊人　九星同門為去向直符為捕盜之人　直使加儀奇為盜去之物　時干剋直符下九星主賊易得　九星剋時干主賊難得　時干生九星主遲得　九星生時干主賊自來降　直符剋九星主早捕　九星剋直符主難捕　直符生九星主捕人相為盜賊　九星生直符主捕人受賄

直使加儀奇生時干盜物送還　時干生儀奇主失物已去其半　儀奇剋時干主盜物分散　時干剋儀奇主盜物藏埋

占賊人逃人去向

以上直使加九星之八門為去向

九星加開門主西北方在貴人官家或水畔樓池橋梁河泊之所

九星加休門主正北方在大江湖邊富者酒店娼妓淫佚之所

九星加生門主東北方在店廟神祠曲堤風雨社壇之所

九星加傷門主正東方在林木樓閣寺觀古竹林兵車之所

九星加杜門主東南方在陶冶木植舟車舟人工藝叢林之所

九星加景門主西南方在窑灶古廟大楚舊舍酒店沽賣之所

九星加死門主正南方在坟林郵亭為舍苑塋鬼神古寺之所

九星加驚門主正西方在金銀匠削礪金石軍役皂辛之所

又法

龍返首　鳥跌穴　玉女守門　白入熒

熒入白　雀投江　天網四張　三奇入墓

返吟之類主可獲　五不遇　九道

五假　三詐　諸格　諸迫　龍逃走

虎猖狂　蛇妖嬌之類主不獲

又占捕逃訣

此時六癸加于一二三四五宮急趕必見如臨六七八九宮或上干剋下干或門剋宮逃則無追要知逃往便方須從天上六癸所加之處追趕如臨一宮往正北方一里十里或百里二宮往西南方餘倣此

天馬六癸為賊為逃人若加干旺方為百里逢衰墓為十里逢衰墓而受剋為一里逢生旺逃必難追如此時宮地盤剋六癸或六癸宮生此時宮易見若六癸宮此時宮比和必易見若六癸剋時宮或時宮剋六癸宮剋六癸宮亦定難尋

又失物占訣

此時天盤儀奇與地盤生合或門生宮失則必見或
自遺亡或被親友所藏若門宮相剋上下支干相
沖物必難尋如合凶格或因失物反格非破財如
門生宮合凶格客又墓衰宮而相合乃為自家之
所盜如宮生門干支相沖乃外人所偷如陽星相
犯為男陰犯為女陰陽並必男女知情若陽星相
犯臨墓宮為女偷男藏若女墓則為男偷女藏逢
旺氣少年人值衰氣老年人寅為公門卯為犯過

人或經紀人辰戌為兵卒或好勇凶人已為手藝
或店舍人或炉冶人午為商旅人甲為隣近人或
知己或過犯人未為同類或熟識人酉為虛花人
或多嘴人或賭博酒客亥子為江湖人或漁人挑
水人或漂流人又于天干上逢生有根基人逢剋
無根基人或上下相合為衛眷人若門剋宮或支
干逢庚相剋再忌賊來吉神併為豪縱子凶神併
因外家兒

又占走失訣

時干為失主八門物類為逃亡之物上乘旺相星又乘六合不可得得休囚廢沒星九地太陰有人潛藏九天遠走玄武被盜螣蛇有人盤詰羈縻朱雀有信勾陳有人相勾引而去又看六庚年庚年獲月格月得日時亦同又天網低可獲高不可獲

八門落宮見玄武有人盜去不見玄武自己迷失玄武剋八門物類宮物類宮生玄武宮定有人盜去

又看六甲旬中空亡如落空亡失迷或被盜俱不可得又在內四宮為宅中外四宮失落甚遠地盤宮失物分論方向地盤支干輪日期玄武乘陽星為男人陰星為女人有氣為少無氣為老又以玄武宮天地盤支干決賊人衣服顏色

以主星為本物以飛門為所失之處總宜生旺得奇得門詐者為吉主剋飛務宜速尋而後得飛生星物即不尋而亦得飛剋星物必為人所盜主生飛

物必自我而遺若五不遇星門墓制網羅已無不見矣

占捕盜訣

天蓬玄武宮為賊盜傷門宮為捕人時干宮為物主傷門落宮剋天蓬玄武易尋時干宮剋剋天蓬玄武宮易捕若傷門宮生天蓬玄武宮捕捉不定天蓬玄武來剋時干傷門難獲傷門與天蓬玄武同宮時干再剋捕無不獲天蓬玄武同宮黨羽必衆

一處四方承兩處旺相難捕休囚易獲乘六合為大盜不然為小寇天網低則可獲高則不獲

占捕亡訣

六合為逃人傷門為捕者六合宮生傷門宮自歸剋傷門宮不可得傷門宮剋六合宮易得生六合宮必有盜賊傷門宮六合宮同有欺蔽直年月日時格則可獲天網在一二三四宮可獲在五六七八九宮不可獲又人假合太白入營同宮必獲又陰

時可獲陽時不可獲

占賊方位

視玄武所立神爲來方支爲去方武與盜神乘天馬睛二馬盜人從魁方必踰垣越屋而入若無天駟二馬必穿穴而入其與長繩之索然併必從天寇緣繩而下則玄武盜立地方是水竇中而入也

疾病門

疾病占

符 病症　螣 驚恐夜夢遺精　陰 肺勞腎虛

合 風麻醫人　勾 翻胃嘔吐　朱 顛沛

地 陰症　白 道路傷亡　玄 崩漏

休 瀉痢傷寒　天 落魄

生 癰毒傷胃　傷 拘攣風寒

杜 壅塞喉齒　景 傷食疔疽中暑　死 蠱塊

驚 痨瘵　開 肺癰喉舌

甲 頭面肝　乙 肩唇膽　丙 額鼻心肋

丁 齒小腸舌　戊 脾　己 胃

庚 肺筋　辛 胸骨　壬 腎

癸臟

蓬 水出示為灾
任 冷嚐廟鬼作害
冲 吊枉產故索命樹怪時疫

輔 天神舊愿未還
禽 城隍社廟為禍
英 灶司不安

芮 家先作出示
柱 古井墓為害
心 天神斗府降灾

一 血症脉絡不利宜開道申子辰
二 四維土
三 火症心胸煩燥宜濕涼寅午戌

四節氣 痨瘵筋骨不舒宜溫補
五節氣
六節氣 風症姊休不便宜和解

七 巳酉丑
八 四庫土
九 亥卯未

發散責天門清導責地戶門遇擊刑其病在表有
救而陽症易治戶遇刑陷其病在裡有救而陰症
易瘳
孟甲主上焦之病開嘔吐而閤鬱結
仲甲主中焦之病開螬饐而閤膈悶
季甲主下焦之病閤痔漏而閤座門
大約開忌刑閤忌沖陽開治表陰閤治裏
凡占疾病以時為病人直符為病症

時干加地盤九星為醫藥
直使加六儀三奇為瘥期
時干尅九星不肯服藥
時干生九星宜服藥
九星尅時干藥不投症
九星生時干服藥有効
占病症形狀
天蓬為直符主下部虛弱水泄腰痛中滿膀胱疝氣

黃腫腎經等症
天英為直符主痢疾瘡傷腫毒煩燥口乾舌苦吐逆
心經等症
天冲天輔為直符主風癱手足麻木青筋脇痛肝經
風熱等症
天禽天任天芮為直符主脾胃不和癱腫面黃肚黃
肚腹不寧脾胃等症
天柱天心為直符主癆瘵肺癱筋骨疼痛面瘡咽瘖

氣滿瘡毒肺經等症

占病瘥期

以直使加六儀三奇生時干則易瘥
儀奇剋時干則難瘥
時干剋儀奇則瘥易
時干生儀奇則遲瘥
時干加戊己主申月日差
時干加辛庚主巳月日瘥

時干加壬癸主申月日痊
時干加丙丁主寅月日痊
時干加乙奇主亥月日痊

又難痊神煞

五墓　春占未日未時　夏占戌日戌時
秋占丑日丑時　冬占戌日辰時

喪軍　春占酉日酉時　夏占子日子時
秋占卯日卯時　冬占午日午時

三丘　春占丑日丑時　夏占辰日辰時
秋占未日未時　冬占戌日戌時

又占訣

日干為人時干病納音為醫藥性証人剋病兮去
痊病剋人兮有險應醫能剋病始可救如若傷人
未可用違制符使是明醫生合符使醫蹭蹬惟喜
日旺時休囚五行檢點參病症

直符占病所由來刑傷剋制考病胎陰六逢陽情慾

病勾地刑符滯未開朱騰制因鬧惱白天却是驚
恐灾符入空鄉入空鄉灾不寔胎没死廢着意裁
直使占病之痊劇三吉五凶論門義吉直休囚主棉
纏凶更旺相堪畏惧最忌墓命與刑年時日詳占
進退氣凶退可痊吉進痊門符生吉始無慮
十干論病在何處肝胆脾胃心胸註忝詳奇儀擊與
刑上下加臨識病暑木剋土兮脾胃傷火金剋兮
肺家替金來剋木筋脉寧水剋火兮人心腎廢年

命日時細推詳生旺休囚知灾監
九星從來司禍福吉凶星宿詳所屬旺吉星臨灾無
虞死囚星照防哀哭吉逢生兮凶不刑任爾祈禳
灾可贖
九宮病原與醫藥水宜蘇通木忌削金宜温補火怕
関土乃五行之歸槖此行旺動彼行傷變理中和
醫的確祥觀節氣察虛寔病若真兮醫不錯
門傷發表柳何疑戶傷治裏莫須遲門戶俱傷表裡

治陽陰先後判固依
三甲開合論三焦泥丸尾閭夾脊交開若傷兮休尅
伐合遇刑因忌補調返首跌穴吉課藏凶酒得年
命無傷始云叶吉虎狂龍走凶中有吉若在符使
刑迫便作凶推地遁臨命未免黃泉逝客鬼假當
杯酒防冥府追呼鬼遁人遁似非吉兆鬼假人假
豈是休徵三詐病有反覆假遁須辨陰陽得使而
制鬼為利守門而舊病不祥三門四户最忌刑墓

年命那堪喪吊重逢天馬私門豈宜擊迫符使更
兼空亡刑陷螣蛇妖嬌疑鬼怪朱雀投江魂魄揚
伏干飛干醫不明而藥餌反症伏宫飛宫人不安
而宅舍驚惶大格小格胸膈便道不利刑格悖格
肢體脈絡相戕熒入白兮病轉添白入熒兮災自
退年月日時逢格悖親旧灾疫可忝詩五不遇兮
勿藥六儀刑兮有傷入墓羅網纏綿灾異反伏門
迫迭次凶殃

金為死方木為棺屍入木方那得安庚辛若來刑甲乙飛入中宮哭聲喧

又疾病占法

問病須以得奇門旺相為吉我星門受生者無病我生人者氣弱我剋人者無恙我受剋者必死總以本干之病死生旺為主如主星門受生又得奇門又從旺令而六庚或到者雖病無妨如星門既受剋又衰弱雖六庚不到亦主死亡即三奇臨宮亦

不過延時日過三奇退令即可不救如乙奇死於秋丙奇死于冬奇死人亦死又有我星門坐吉坐旺而飛流尅我者不過目下慽慽大命不妨若主門雖受生而主星衰弱難逃命絕總以符宮下干為主坐生旺者吉坐衰弱者凶其天盤入詐宮當以我之星門合者如螣蛇屬火主疾病纏綿若我坐蓬休則火被水剋病隨受隨効餘詐仿此忌空亡新病遇空則卻久病遇空則亡

又占病

天芮為病神生死二門為生死本人年干落宮得得生門不死得死門難愈若年命休囚廢沒再有凶星凶格大凶餘六門亦主纏綿以天芮廢沒之月為愈期占父母病得年干入墓同類病得月干入墓兒女病得時干入墓俱大凶又凶星凶門加病人年干更無救神不可救若凶星加奇門上下相救可死中得生若三奇吉門吉星更上下干有合

雖不服藥可愈

占眼疾

離為目九宮上得吉門吉星吉格則愈速凶則痊遲吉凶不明則纏綿而不重

占六畜病

看八卦類神上得吉門吉星吉格者無事反此不然

又占病法

懸系一法少人知問人年甲病先知男從坎上順數

起女從離上逆推数到病人年甲上看他係因病
預先知子午卯酉定是死寅申巳亥不開眉辰戌
丑未恐霍亂此是神仙病應機
震巽相逢手足麻口惡氣眼神生花上天保愿來相
助若不相救氣喘加
坤艮脾傷胃不開心中結定滯凝懷腹臍疼痛連腰
腿陰邪見怪有飛灾
乾兌多頭疼沉沉六脉微冷積并冷氣其病在胃脾
坎離多嘔逆久治號難醫人常虛盜汗飲食漸消除

奇門廬中闡秘卷三終